AF267970

QUESTION POLITIQUE

DE

PREMIÈRE IMPORTANCE.

Lib
2638

IMPRIMERIE ET FONDERIE DE FAIN,
rue Racine, 4, place de l'Odéon.

QUESTION POLITIQUE

DE

PREMIÈRE IMPORTANCE.

Quelle est, aujourd'hui, la forme de gouvernement vers laquelle marchent le peuple français et tous les peuples européens ?

RÉPONSE
PAR H. AZAÏS.

... ment de la vérité, c'est la franchise.

PARIS.
LIBRAIRIE DE DESFORGES,
ÉDITEUR-COMMISSIONNAIRE,
RUE DU PONT-DE-LODY, 8;
LEDOYEN, LIBRAIRE, GALERIE D'ORLÉANS, n° 31.
1837.

PRÉFACE.

J'ai publié récemment un livre que j'ai intitulé : *Physiologie du bien et du mal, de la vie et de la mort, du passé, du présent et de l'avenir.* Là, je crois avoir résumé tout ce qu'il y a d'essentiel dans les résultats moraux et politiques de l'ordre universel.

Depuis cette publication, les explications que j'ai données de notre anxiété politique se sont rapidement développées. Aujourd'hui, d'un aveu unanime, le désordre s'avance. La France est comme troublée par une de ces maladies nerveuses, si difficiles à décrire, si pénibles à supporter, cependant si faciles à guérir, pourvu toutefois que l'on en détourne la cause.

Si cette cause, qui n'est jamais qu'une forte erreur de régime, se prolonge à un certain degré, le
trouble nerveux menace de conduire, par l'agitation
progressive, à l'apoplexie ou à la paralysie, c'est-
à-dire à l'explosion fatale ou à l'atonie. Il est donc
pressant de signaler l'erreur funeste qui a déréglé
l'économie, et d'indiquer l'habitude salutaire qui
doit la rétablir. C'est l'objet de cet écrit.

Parmi les personnes qui en prendront connais-
sance, quelques-unes peut-être, en gémissant du
mal qui nous tourmente, en jugeant convenables,
opportuns, nécessaires, les moyens curatifs que je
propose, s'affligeront de cette nécessité, regretteront
les temps où une telle situation était inconnue, de-
manderont s'il ne serait pas plus utile de les ra-
mener.

A ces personnes j'ai répondu d'avance par ma
Physiologie du bien et du mal. Dans cet ouvrage,
j'ai consacré plusieurs chapitres à démontrer que le
plan équitable de la nature a étendu la loi des compensations à toutes les périodes successives dont se
compose la vie de chaque peuple. Chacun, sans pouvoir s'en défendre, change sans cesse de formes, de

tempérament, de caractère, par conséquent d'inclinations, de besoins, sans jamais non plus pouvoir revenir vers son caractère et ses besoins précédents. Mais, pendant la vie entière de chaque peuple, les biens et les maux qu'il rencontre sur sa route, quoique toujours variés d'intensité et de nature, se tiennent sans cesse en équilibre.

Étendons l'idée. Partout, dans l'univers, le progrès est en mouvement ; mais partout il s'environne, au même degré, de pertes et de profits, d'inconvénients et d'avantages. L'arbre qui resterait toujours en fleurs ne porterait point de fruits ; si ses fruits ne mûrissaient pas, ils resteraient toujours âpres et stériles ; leur maturité, c'est leur perfection organique ; c'est leur âge d'individualité, d'indépendance. Ce degré obtenu, le fruit se détache de la tige qui l'a nourri ; il tombe sur le sol ; il se flétrit ; mais il se sème ; c'est à la fois sa mort et sa reproduction qui commencent.

Ma *Physiologie du bien et du mal* est le développement de cette allégorie universelle.

D'autres lecteurs du nouvel écrit que je présente

résisteront à mes pensées, soit de l'ordre politique, soit de l'ordre moral et philosophique ; ils en contesteront la réalité ; ils ne révoqueront pas en doute ma bonne foi, c'est impossible : mais ils prononceront, de bonne foi aussi, que je me trompe.

Je prie ces lecteurs de considérer que, par la direction que, depuis bien des années, je donne à mes études et à mes raisonnements, je ne puis plus me tromper qu'à l'une des deux conditions suivantes :

Ou bien le principe sur lequel je fonde le système universel des êtres et de leurs rapports (je vais l'exposer), n'est pas celui qui anime la nature ; ou bien les inductions que j'en tire ne sont pas judicieuses.

Voilà ce qu'il faut examiner ; et, pour me combattre, voilà ce qu'il faut démontrer ; car si le système que je présente est vrai par ses bases et son ensemble, et si, sur les questions, soit de nos devoirs individuels, soit de notre malaise politique, j'en ai suivi avec rectitude les conséquences, l'erreur, sauf quelques détails, m'a été impossible ; ma ligne d'études et discussions, partant du seul point qui pouvait la rendre fixe, positive, a pris, comme celle du géomètre, une marche rigoureuse ; je n'ai pu m'en écarter, ni la parcourir avec hésitation et mollesse.

La fermeté est l'attitude de la logique ; et la franchise est l'accent de la vérité.

Au reste, la théorie politique que l'on va lire n'est point de ma part œuvre nouvelle ; elle reposait depuis longtemps dans mes manuscrits, et chaque année, depuis 1830, j'ai fait, de ses idées principales, le sujet d'une de mes conférences publiques ; l'année dernière, à la demande de mes auditeurs, je l'ai exposée dans tout son développement ; et mes auditeurs l'ont manifestement approuvée ; ce qui m'a démontré que son temps arrive.

Incessamment je la discuterai encore, et je parlerai comme j'écris, en homme libre de toute passion, de toute instigation, de toute prévention.

A mon âge l'indépendance de l'esprit est entière, parce qu'elle est calme, pacifique, et se concilie avec la justice. C'est une bien douce compensation des peines de la vieillesse.

Lorsque le soir de la vie est arrivé, que le jour baisse, que la nuit s'approche, on se repose, on réfléchit. Si l'on exprime encore ses pensées, c'est au gré seul de la conscience, sans intention de flatter ni désobliger personne. Comme la nature, qui tient sans cesse en concessions réciproques. tous les êtres qu'elle produit, on balance les unes par les autres toutes les vérités que l'on a apprises par l'étude et l'expérience. De ce balancement naissent la raison et la sagesse.

Jeunes gens, votre tour viendra d'être sages et d'écouter la raison. En ce moment, lisez ce que ma raison vous adresse ; vous êtes destinés à le mettre en œuvre un jour.

Quelle est, aujourd'hui, la forme de gouvernement vers laquelle marchent le peuple français et tous les peuples européens ?

BIBLIOTHEQUE ROYALE

CHAPITRE PREMIER.

Bases du système.

La puissance suprême n'a institué, dans l'univers, qu'un seul principe d'action : ce principe répond à toutes les questions, de l'ordre physique, de l'ordre physiologique, de l'ordre moral et politique. Lui seul explique tous les faits, parce que lui seul les produit.

L'Expansion est le principe universel : c'est-à-dire que tout globe, stellaire ou planétaire, tout végétal, tout animal, tout homme, tout

peuple, en un mot, tout être, simple ou collectif, est animé, dans tous les points de sa
substance, d'une action *expansive*, qui, sans
cesse, travaille à l'étendre. Cette expansion
essentielle est, dans chaque être, la source de
ses mouvements propres, de son développement, de ses changements, de ses progrès.

Pour s'exercer, l'expansion de chaque être
a manifestement besoin d'espace et de liberté.
La *liberté* est aussi la propension constante de
tous les genres d'êtres.

Mais il n'est pas moins évident que tout être
dont la liberté d'expansion s'exercerait sans
résistance n'existerait que pour se dissoudre,
par conséquent n'existerait que très-peu de
temps.

Il est donc nécessaire que le principe unique, le principe universel, que *l'expansion*
se fasse à elle-même résistance, et il faut que
les effets de sa propre résistance, de sa *réaction* contre elle-même, soient constamment
égaux aux effets de son *action* immédiate. S'ils
étaient inférieurs, l'univers marcherait sans
cesse vers une destruction inévitable.

Or, l'univers se maintient, se conserve. Les

faits astronomiques démontrent que l'ordre y règne avec précision et constance, que sa constitution est invariable; ses parties seules changent, se transforment sans cesse; jamais l'ensemble ne change ni ne se détruit.

Quelle est la loi qui maintient, dans l'univers, l'ordre, le mouvement, et l'existence?

Toute loi n'est que la règle d'un principe. Et toute loi, pour être bonne, pour être durable, doit émaner du principe même dont elle règle l'exercice.

Or, l'univers n'a qu'un principe : *l'expansion*; il n'a donc aussi qu'une loi; et voici comment le principe même produit cette loi unique :

Tout être, de nature quelconque, et quelle que soit sa position dans l'espace, est environné d'autres êtres, *expansifs* comme lui, travaillant en commun à modérer son expansion, à la réprimer, à la replier vers son centre, afin de pouvoir s'étendre eux-mêmes.

La répression conservatrice, exercée sur chaque être, est donc, comme l'expansion de cet être même, le fruit du principe universel, de *l'expansion universelle*. Chaque être agit par sa propre expansion ; et sa sphère d'expansion ne saurait être indéfinie ; elle est limitée par la coalition expansive des êtres qui l'environnent.

Du balancement entre cette action de chaque être et la réaction environnante résulte, dans l'univers, la permanence de l'ordre et du mouvement, la permanence de l'*équilibre*, la permanence de l'existence universelle. Là, dans un principe unique, l'*expansion*, balancée par elle-même, est toute la vie, ainsi que toute la constitution de l'univers.

CHAPITRE II.

Hygiène et morale de l'homme.

Les êtres aveugles et insensibles, tels que les végétaux, exercent leur expansion propre sans en avoir le sentiment. Ils n'ont pas, non plus, le sentiment de la réaction extérieure qui, en limitant leur expansion, conserve leur existence.

Mais les êtres sensibles, intelligents, l'homme

à leur tête, se sentent expansifs, désirent que leur expansion s'exerce.

Ce désir expansif est la source de leurs affections, de leurs projets, de leurs espérances, de leur ambition, de l'ardeur plus ou moins vive avec laquelle ils recherchent les occasions de jouissance et les moyens de bien-être.

Mais lorsque leur expansion se porte à un excès de jouissances, ils ont aussi le sentiment des résultats désordonnés que cet excès entraîne; ils apprécient par expérience, par raison, les bienfaits du pouvoir d'ordre et de répression.

Toute l'*hygiène* de l'homme a pour but le balancement entre les moyens intérieurs d'extension organique et les moyens extérieurs de conservation organique.

Toute la *morale* de l'homme a pour but le balancement entre l'extension qu'il accorde à ses désirs, ses affections, ses espérances, et l'extension que, par sentiment d'ordre et de justice, il accorde aux désirs, aux affections, aux espérances des hommes dont il est environné.

L'hygiène est la morale du corps ; la morale

est l'hygiène de l'âme ; les conseils réunis de l'hygiène et de la morale forment la *sagesse*.

Lorsque l'homme manque de sagesse, lorsqu'il n'établit pas lui-même, entre ses propres droits et ceux de ses semblables, le balancement de l'équité, lorsqu'il se laisse entraîner à faire sa part de jouissances beaucoup plus avantageuse que sa conscience ne l'y autorise, il provoque l'énergie de la réaction environnante ; il lui imprime une ardeur déterminée d'avance par la mesure d'ardeur qu'il a permise à sa personnalité. C'est d'abord le mépris, le blâme, la haine, qu'il excite, et qui, froissant son âme, la refoulant sur elle-même, lui portent châtiment et souffrance. Si cela ne suffit pas pour le retenir, les lois sociales lui infligent des peines graduées sur ses actes de violence.

Les lois de police, de justice, les bonnes lois, protectrices de l'expansion du faible, répressives de l'expansion du fort, ne sont que les formes sociales de l'équilibre.

CHAPITRE III.

Hygiène et morale des peuples.

L'HYGIÈNE et la morale des peuples ont les mêmes bases que l'hygiène et la morale des individus.

Tout peuple est un être vivant du genre collectif. Son expansion, plus ou moins ardente, est formée du concours de toutes les expansions essentielles aux individus dont il se compose.

Ainsi que chacun de ces individus, tout peuple est donc animé d'une action intime qui le porte à étendre indéfiniment son territoire, sa prospérité, sa renommée, ses jouissances, sa puissance.

Mais nul peuple n'est isolé sur le globe. Chacun est environné d'autres sociétés humaines qui, toutes, sont essentiellement *expansives*, qui, par conséquent, résistent, chacune, à l'expansion indéfinie de toutes les autres.

Les formes du balancement général des sociétés humaines sont les mêmes que celles du balancement des individus qui composent chaque société particulière ; seulement elles prennent plus de temps et d'espace. C'est d'ailleurs toujours la coalition expansive des faibles contre la violence expansive du fort ; il n'y a jamais d'autre fondement aux alliances des peuples ; elles se cimentent par la communauté d'inquiétudes ; elles se rompent par la sécurité et le succès. Chacun des peuples vainqueurs veut alors saisir le plus possible des bénéfices de la victoire.

Tels sont aussi, dans le sein de chaque peuple, et le fondement et le terme de toutes les associations individuelles. Partout, les faibles s'unissent pour se fortifier ; devenus forts, ils se divisent ; et celui qui cherche alors à usurper la prépondérance voit passer ses anciens associés dans le camp de ses adversaires.

Ainsi, tout peuple, comme tout individu, qui sort de sa sphère légitime, est inévitablement refoulé par ceux qui l'environnent, et, comme l'individu, il souffre pendant tout le temps que ce refoulement s'exécute.

Il importe donc à tout peuple, comme à tout individu, de connaître l'étendue de sa sphère légitime, et d'avoir la sagesse de s'y renfermer.

CHAPITRE IV.

Fondements de la royauté chez tous les peuples civilisés.

Dans l'individu, les sens et les appétits sont surtout la partie de son action vitale qui réclame des jouissances vives, multipliées, une expansion indéfinie. La répression modératrice, quand il l'exerce sur lui-même, n'émane que de ses hautes facultés, de sa raison, de sa réflexion, de sa prévoyance.

Dans chaque peuple, les sens et les appétits de l'individu sont représentés par la plupart des hommes encore jeunes et inexpérimentés, par tous les hommes à passions ardentes, à imagination vive, qui sont dans une position difficile, par la masse presque entière des classes inférieures.

Les hautes facultés, la raison, la réflexion,
la prévoyance, sont plus naturellement l'apa-
nage des hommes dont la position sociale est
affermie, que l'expérience a éclairés, que l'âge
a calmés.

C'est là, dans chaque état, la classe naturellement gouvernante, naturellement constituante, classe toujours très-peu nombreuse,
par cela même toujours exposée aux jalousies,
aux agressions de la classe forte de nombre
et indéfiniment expansive; ce qui met la première dans la nécessité de concentrer sa puissance, si utile, si nécessaire, et même, pour
conserver sa puissance, de lui donner l'ensemble et la vigueur de l'unité.

Voilà ce qui fait que tout peuple, quelle
que soit son origine, finit toujours par se
constituer en monarchie, plus ou moins tem-
pérée par des corps régulateurs.

Telle est, en théoric générale, la forme politique qui s'établit toujours, parce que le
principe universel l'exige.

En effet, le principe universel exige que,
dans l'existence de tout être compliqué et in-
telligent, de tout peuple civilisé, les deux

forces générales, la force d'expansion ou de changement, de mouvement, de progrès, de jouissance, et la force modératrice ou de sagesse, de justice, de prudence, de conservation, soient toujours en présence et en action réciproque. Il exige de plus que le balancement de ces deux forces s'exécute autour d'un pivot réglé et affermi. La royauté est ce pivot.

Dans tout mécanisme, qui n'est jamais qu'un balancement entre deux forces opposées, il y a toujours une royauté, un pivot essentiellement inamovible. S'il se déplace, surtout s'il se déplace brusquement, le mécanisme est bouleversé.

CHAPITRE V.

Quelle doit être, dans les monarchies de l'époque actuelle, la composition du corps régulateur?

Si, pour entrer promptement dans le cœur d'une si importante question, nous délaissons les peuples naissants, si nous nous occupons

de la constitution nécessaire à un peuple dont
la civilisation est avancée, par exemple, au
peuple français de l'époque actuelle, nous re-
connaîtrons que la royauté ne peut plus y
être réglée et soutenue par une aristocratie
féodale, parce que ce genre d'aristocratie ne
peut plus y exister; il a été pour toujours
effacé par le sentiment d'égalité politique,
fruit nécessaire, inévitable, du mouvement des
mœurs et des esprits.

La fonction régulatrice, chez un tel peuple,
ne peut donc être exercée par une fédération
de familles. Mais comme cette fonction est
rigoureusement nécessaire à l'équilibre social,
et comme sa nature est essentiellement aris-
tocratique, elle doit être confiée à une association d'individus, qui aient soin de com-
penser ce qui leur manque en puissance
dogmatique par l'ascendant du savoir, de
l'expérience, de l'âge, du mérite personnel, et
de la position sociale.

Que l'on n'admette dans le *corps régulateur*
que des hommes, propriétaires, pères de famille, de plus ayant vieilli avec honneur, ou
sur les siéges de la magistrature, ou dans la

carrière administrative, ou dans celle des armes, ou dans celle de l'enseignement : à ces
conditions, la meilleure garantie sera donnée
à la paix de l'état, à la liberté du peuple et à
la dignité du monarque. Le corps régulateur,
semblable à une voûte fortement construite,
dominera, affermira tout l'édifice, et, la clef
de cette voûte, ce sera le roi.

Le corps régulateur, essentiellement inamovible, mais sans cesse mutilé par le temps,
aura besoin d'un renouvellement continu.
Quel sera, à son égard, le pouvoir électeur ?
Ce sera le roi encore. Lui seul, plus libre que
personne, dans l'état, d'écouter avec attention
et déférence l'opinion publique, lui seul
pourra, mieux que personne, juger avec impartialité les hommes qui s'élèvent par leurs
vertus, leurs talents et leur zèle ; et son choix
n'aura jamais à s'exercer que sur un petit
nombre de concurrents. Peu d'hommes, dans
chaque génération, réuniront à un degré ma-
nifeste toutes les conditions d'admissibilité :
l'âge, la fortune, le titre de père de famille,
les longs et honorables services.

CHAPITRE VI.

Puissance populaire.

Mais le peuple? sera-t-il étranger à la composition du gouvernement? Lui enlèvera-t-on le droit de suffrage? N'est-il pas le souverain véritable duquel doivent émaner tous les pouvoirs?

Non; chaque peuple n'est pas lui-même son propre souverain; ce n'est là du moins qu'une vérité obscurcie, mutilée. Rendons-lui sa clarté, son intégrité.

Bossuet l'avait dit : un orateur moderne l'a rappelé : l'homme s'agite, Dieu le mène.

Pour mener l'homme et tous les êtres, pour régner sur l'univers, Dieu n'a eu besoin d'instituer qu'un seul principe : l'expansion; et de ne soumettre l'action de ce principe qu'à une seule loi : le balancement entre le développement expansif de chaque être et la résistance également expansive de tous les autres. Ce balancement peut être calme et harmonique;

mais il peut aussi être brusque et irrégulier ;
il l'est toujours partout où les actes d'extension se sont effectués, non-seulement avec
vivacité, mais avec désordre ; car alors la répression a été contrainte de prendre le même
caractère. C'est ce qui fait que, surtout pour
les peuples d'organisation ardente, la jeunesse est un âge de lutte convulsive entre une
action et une réaction, l'une et l'autre tumul-
tueuses, exagérées. Par ignorance, par inex-
périence, par la fougue de ses erreurs, le peuple
jeune et ardent, ainsi que le jeune homme
d'une organisation semblable, passe sous le
joug de tyrannies qu'il a lui-même appelées,
et auxquelles il ne sait opposer que d'autres
tyrannies, d'autres erreurs. Ce n'est que dans
l'âge du calme et des lumières, dans l'âge
mûr, que l'expansion sociale et la répression
modératrice peuvent se balancer sans impé-
tuosité, sans secousses, que le principe peut
en venir à régner sans alternative de despo-
tisme et de faiblesse, que la souveraineté de
l'opinion générale peut devenir en même
temps celle de l'ordre et de la raison. A cet
âge, et c'est aujourd'hui le nôtre, l'expansion

sociale doit s'exercer par les travaux de l'industrie, par les développements des sciences et des beaux-arts, surtout par l'expression pleinement libre de tous les genres de pensée. Le véritable droit de tout un peuple, parvenu à l'âge mûr, c'est, pour chaque individu, le droit de dire et d'écrire tout ce qu'il voit ou imagine, tout ce qu'il craint ou désire, sur les choses d'intérêt général. Que l'exercice de ce droit soit absolu, sans gêne, sans entraves, et l'expansion générale aura toute la puissance à laquelle elle puisse aspirer, et le développement social, comme celui d'un arbre en liberté, sera soutenu, régulier, paisible, et le corps régulateur lui-même, ainsi que le roi, seront retenus dans la sphère de l'utilité générale, de l'honneur social, de la justice.

CHAPITRE VII.

Chambre élective ; gouvernement représentatif.

LES garanties réciproques que nous venons d'indiquer sont les seules, aujourd'hui, qui puissent être efficaces, parce que seules, aujourd'hui, elles sont nécessaires, et que, dans le mécanisme social, comme dans tout genre de mécanisme, ce qui n'est pas nécessaire est embarrassant et ne peut tarder à devenir funeste.

Mais si les garanties que nous venons d'indiquer sont aujourd'hui les seules nécessaires, quel titre maintenant convient-il de donner à l'institution d'une *chambre élective*, et plus généralement du *gouvernement représentatif?* Examinons.

La première condition, pour qu'un état puisse être régi par le gouvernement représentatif, est l'existence, dans cet état, de corps collectifs, chacun formellement distinct de tous les autres, chacun, de plus, composé d'un nombre trop considérable d'hommes et de familles pour pouvoir veiller directement, et par lui-même, à l'exercice de ses droits, au ménagement de ses intérêts, chacun, par conséquent, ayant besoin d'être *représenté* par des hommes de sa classe et de son choix.

C'est ce qui avait lieu dans l'ancienne monarchie française; l'ensemble du peuple y était partagé en trois ordres : le clergé, la noblesse, le tiers-état, entre lesquels étaient placées des lignes de démarcation difficiles à franchir.

Aux anciens *états généraux*, ces trois ordres étaient *représentés*. Le temps vint où le tiers-état ne conserva plus, dans les états de province, qu'un simulacre de représentation. Un autre temps vint encore où, sans être devenu *tout*, comme Syeyes le prétendait, et paraissant ou croyant lui-même ne demander qu'à devenir *quelque chose*, le tiers-état ressaisit d'abord le droit d'une représentation réelle, et, par un progrès rapide, s'empara de la prépondérance dans le corps, unique en apparence, mais profondément hétérogène, qui, sous le nom d'*assemblée constituante*, forma la représentation générale.

Alors commença, au sein de la France, une œuvre de transition très-agitée, pendant laquelle les habitudes du passé s'allièrent, de gré ou de force, aux exigences de l'avenir. Successivement, ce que l'on appelait jadis les premiers corps politiques, le clergé, la noblesse, les parlements, furent vaguement reproduits sous les titres de conseil des anciens, de sénat conservateur, de chambre des pairs ; tandis que l'ancienne représentation du tiers-état se reproduisit, avec moins d'inexactitude, sous les titres de conseil des cinq cents, de chambre des représentants, de chambre des députés.

Aujourd'hui, de part et d'autre, et par le progrès naturel d'une révolution invincible, ces deux genres de titres sont devenus des fictions, car toutes les anciennes démarcations politiques sont pleinement effacées. Il n'y a plus dans l'état deux masses d'intérêts distincts, qui aient besoin chacune d'être protégée contre les envahissements de l'autre. Sous le rapport politique, le peuple français est maintenant un peuple homogène. Les deux assemblées délibérantes qui concourent à la confection des lois, la chambre des pairs et la chambre des députés, ne sont point respectivement dans des situations politiques essentiellement différentes. L'une des deux pourrait cesser d'exister, ou bien elles pourraient s'unir ensemble, se confondre en un seul corps; la forme politique de l'état n'en serait point essentiellement changée.

Observons d'ailleurs que, d'une part, la chambre des pairs n'est point de source élective, et, d'un autre côté, que la source élective de la chambre des députés tend manifestement à s'évanouir. En effet, d'année en année, la fonction électorale est de plus en plus négligée par les hommes que la constitution appelle à la remplir. Quelle est la cause de cette négligence? Il est facile de l'indiquer.

La fonction électorale est une fonction bénévole. Ni l'honneur, ni la morale, ne font à personne un devoir de la remplir. Le zèle électoral, lorsqu'il se montre, ne peut être excité que par *l'esprit public* ou *l'esprit de parti.*

Par esprit de parti, lorsqu'il est ardent et sincère, il faut entendre l'adhésion de l'âme à un principe, religieux ou politique, qui dispose ses prosélytes à le soutenir avec force, parce qu'il est fortement combattu par d'au-tres hommes qui, non-seulement ne l'adop-tent pas, mais qui, par réaction, soutien-nent fortement un principe contraire.

Quelle est aujourd'hui l'idée, religieuse ou politique, qui soit, et assez fortement soutenue et assez fortement combattue, pour donner naissance, en deux sens opposés, à une action et une réaction, opiniâtres, énergiques? Le temps en est passé. Il y a bien çà et là, pour et contre les idées qui jadis ont eu cette impor-tance, il y a bien quelques réminiscences, quel-ques habitudes; mais il n'y a plus cette con-viction, cet entraînement, cette passion, qui, au temps de leur puissance, soulevaient tant de tempêtes. Les noms même de catholiques et de protestants, ainsi que ceux de patriciens et de plébéiens, tendent à se perdre ensemble dans la nuit des souvenirs.

Quant à l'esprit public, il ne se montre dans un état que lorsque la masse générale sent le besoin du concours unanime, soit pour arriver à la conquête d'avantages nécessaires, soit pour se défendre contre des dangers pressants.

Napoléon brisait en France l'esprit public, parce qu'il le rendait inutile. Fauteur immodéré de l'expansion nationale, il l'entraînait à se satisfaire au delà de toute justice, de toute prudence. C'était aussi chez tous les peuples environnants qu'il relevait, au degré le plus énergique, l'esprit public, l'esprit de patrie, d'association et de résistance. Il y succomba. Toute résistance juste finit par devenir agression victorieuse.

Mais, à son tour, toute réaction victorieuse finit par succomber lorsque, dans son triomphe, elle ne se laisse pas régler par la raison et la justice. Quelle erreur déplorable que celle de Charles X et de ses conseillers! Napoléon était vaincu comme guerrier, et non comme chef politique de la grande révolution française, qu'il avait maîtrisée, organisée. En tombant du trône, il l'avait léguée formidable, invincible, au peuple français et aux générations à venir. Et Charles X s'abusait jusqu'au point de croire qu'elle aussi, cette révolution immense, d'abord enchaînée sur le rocher de Sainte-Hélène, y était morte avec le héros! De cet aveuglement naquit, en 1815, la tentative, graduellement plus téméraire, de replacer le peuple français sous le joug féodal et sacerdotal. Et comme la liberté politique et la liberté religieuse, menacées par cette tentative, étaient les deux grandes conquêtes de la très-grande majorité du peuple français; comme ces deux conquêtes, depuis si longtemps réclamées par la dignité et la raison humaines, étaient déjà passées, presque généralement, des idées dans les lois et dans les mœurs, ce fut l'esprit public en France, et non simplement un esprit de parti, qui, graduellement depuis 1815, se ranima, s'irrita, finit par se mettre en hostilité ardente avec la direction imprimée par les chefs du gouvernement. La chambre des députés et le corps électoral servirent alors de points d'appui à l'insurrection politique. On se rendit avec zèle aux assemblées électorales; on y procéda avec concert et énergie. Il fallut que la monarchie inconsidérée de Charles X cé dât ou qu'elle pérît. Elle aima mieux périr.

Par cette faute et ses suites, la France a été replacée, au mois de juillet 1830, sur les lignes fixées par la grande révolution du siècle. Elle ne peut plus s'en écarter, du moins à un degré fatal. D'une part, nous ne craignons plus que les aberrations du gouvernement puissent aller jusqu'à tenter l'effort inutile de relever en France l'étendard de la féodalité et la bannière du sacerdoce ; d'un autre côté, l'expérience, la raison, l'extension même de notre liberté, de notre industrie, de notre bien-être, se sont concertées pour amortir en nous la passion du mouvement, l'ardeur de propagation, l'ambition de conquête. Par cet attiédissement nous avons rendu de la sécurité aux peuples qui nous environnent. L'Europe ne redoute plus la France qui ne redoute plus l'Europe. De part et d'autre du moins les alarmes s'affaiblissent, tendent à s'effacer.

Il n'est donc plus, en France, de motif à l'esprit public. Comme chacun de nous se sent libre et tranquille, chacun de nous s'isole dans ses intérêts personnels ou ceux de ses amis et de sa famille. C'est bien la froideur qui arrive, mais c'est surtout l'inquiétude qui s'en va. Dans notre âme, il n'y a presque plus de prise pour les liens et la ferveur politiques; il n'en reste que pour les liens d'affaires, ou d'amour, ou d'amitié.

La faculté électorale marche donc, en France, vers l'atonie; bientôt elle ne sera plus exercée, dans chaque arrondissement, que par un très-petit nombre d'hommes, les uns d'une trempe servile, toujours à la disposition du pouvoir, les autres d'une ambition sans noblesse, rendue turbulente par les embarras de position, par les désordres de conduite. Ni les uns ni les autres n'auront le droit de dire qu'ils expriment les besoins, les sentiments de leurs concitoyens. Un corps formé sous de telles influences ne sera donc nullement *re-présentatif* du peuple français.

D'ailleurs, et c'est ici, dans la question qui nous occupe, le point capital : un peuple de masse homogène sous le rapport politique ne peut prendre intérêt à être représenté, ne peut demander à l'être. Il n'y a qu'un partage en deux classes essentiellement distinctes, réciproquement opposées, qui puisse donner

le besoin d'une pondération réciproque, ef-
fectuée, maintenue par la lutte politique
d'hommes en petit nombre, revêtus du man-
dat et de la confiance des deux masses partielles. Et il est évident que lorsque l'homogénéité arrive, ce n'est pas que les deux masses partielles aient rien perdu de leur
nombre, de leur existence; c'est leur état de
séparation qui a cessé; c'est par conséquent
leur infusion réciproque qui s'est opérée.

Voici une image claire et simple. Et n'ou-
blions pas que, par l'unité universelle du plan
de la nature, toute image claire et simple sert
d'explication fondamentale aux faits plus
composés qui lui sont analogues.

En physique, un barreau aimanté, tel
qu'une aiguille de boussole, est un corps dans
le sein duquel deux courants opposés se croi-
sent sans cesse, en portant, chacun, sa plus
grande intensité, sa *représentation*, à l'un des
deux *pôles* du barreau. Sitôt que les deux courants cessent de se croiser, et que les deux
fluides rentrent en mélange, l'état magnétique
se termine. Il n'y a plus de pôles, plus d'intensité locale, plus de *représentation fédéra-*

tive, à l'une ni à l'autre des deux extrémités.

Disons maintenant que, dans tout corps social désigné sous le nom de peuple, ainsi que dans tout corps magnétique désigné sous le nom de barreau aimanté, l'expansion soutenue des deux courants opposés finit toujours par amener leur mélange par infusion mutuelle. A cette œuvre d'homogénéité, il faut plus ou moins de temps pour s'accomplir, selon la trempe plus ou moins forte du métal et du peuple. Le barreau d'acier n'y parvient que beaucoup plus lentement que le barreau de fer doux.

Le peuple anglais, de trempe dure et ferme, travaille encore à la cessation de son aimantation sociale. En France, où le tempérament est ductile, malléable, ce changement est terminé. En Angleterre, le mouvement que l'on nomme de *Réforme* s'accomplira, parce que son but est inévitable; et dès l'instant où il sera accompli, les formes *représentatives* ne seront plus, comme en France, qu'une fiction superflue, à ce titre embarrassante, que, paisiblement, d'un commun accord, on jugera utile d'abandonner.

CHAPITRE VIII.

Continuation du même sujet.

Lorsque, dans un état, la distribution en deux classes, ou plutôt en deux fédérations distinctes, ayant chacune leurs institutions, leurs chefs, leurs idées, leurs intérêts, lorsque cette véritable aimantation sociale, caractère de jeunesse politique, a été neutralisée, effacée par le progrès en sens inverse des deux expansions fédératives, il est devenu impossible de la rétablir. La tentative en serait, non-seulement inutile, mais funeste, parce qu'elle exposerait le gouvernement qui s'y abandonnerait à tarir lui-même la source principale de sa force, l'affection et la confiance des citoyens.

Il y a donc alors nécessité de changement dans la constitution sociale, comme il y a nécessité de changement dans le régime de l'individu lorsqu'il passe de la jeunesse à l'âge mûr.

Mais, dans l'existence des êtres vivants, tout changement de régime, pour être salutaire, doit être fait par transition prudente. Soit pour l'individu, soit pour le peuple, qui passent de la jeunesse à l'âge mûr, il y a la résistance d'habitudes consacrées, de relations établies, qui donnent le besoin de préparations, de ménagements. Mais les ménagements ne peuvent aller jusqu'à interdire les préparations, parce que, de jour en jour, s'accumulent, deviennent plus sensibles, plus fâcheux, les inconvénients du régime qui a cessé d'être approprié à l'âge, au tempérament, soit du peuple, soit de l'individu.

En France, aujourd'hui, c'est là que nous en sommes. Les inconvénients des fictions représentatives se manifestent chaque jour davantage. Et cependant la chambre des députés abonde en hommes honorables, nommés, le plus grand nombre, sous l'influence de ces mouvements de parti qui existaient encore il y a quelques années, qui maintenant s'éteindraient rapidement hors de la chambre, si le gouvernement n'était pas contraint de leur rendre quelqu'intensité dans la chambre même, et, par elle, sur tous les points du sol français.

En effet, que peut faire le gouvernement dès le début de chaque session? Planter son drapeau dans le champ des transactions, entre les intentions et les opinions extrêmes. Là est la place de tout gouvernement régulier; de même que c'est sur l'axe d'un vaisseau, et non sur un côté ni sur l'autre, que doivent être fixés le pilote et le gouvernail.

Mais si, sur le vaisseau social, le pilote ne dispose pas d'une force imposante, il ne peut se maintenir, parce que la plupart des hommes qui l'environnent, pressés de le remplacer, jugeant l'occasion favorable, le succès facile, se coalisent pour entraver ses manœuvres, les accuser, les blâmer. Nulle fonction alors n'est plus ingrate, plus pénible, et, ce qui est plus fâcheux, n'entraîne à plus de fautes qui, à leur tour, multiplient les jugements passionnés.

Napoléon, en situation semblable, capitaine de vaisseau beaucoup trop audacieux, mais excellent pilote, avait derrière lui une armée de cinq cent mille hommes. Il mettait ainsi ses idées sages de transaction politique, de fusion sociale, sous la protection d'une puissance invincible.

Le ministère aujourd'hui n'a pour tout appui direct que les hommes modérés d'intentions et de caractère; là il ne peut trouver ni zèle ni énergie; il est réduit à se composer une armée, non de soldats, mais de clients attachés par intérêt personnel à sa fortune. De là procède la triste nécessité d'un système d'intrigues d'une petite *Eglise* politique vers laquelle tout afflue hors de laquelle plus de places ni de faveurs. Que devient la mérite? que devient la justice? et, dans les sentiments du peuple, que deviennent la confiance, l'affection, l'estime, ces premières bases du pouvoir? et quelles dispositions peuvent les remplacer lorsque malheureusement elles s'évanouissent?

En attendant que, par une occasion imprévue, ces dispositions éclatent, fermentation inquiète, amertume de la plainte, violence du blâme, de l'accusation, de l'opposition ! Pour les contenir, on essaie de fulminer des lois sévères, et elles sont plus qu'impuissantes ; elles exaltent le mécontentement, lui fournissent des armes; elles irritent les âmes aveugles et ardentes, poussent au régicide le farouche prolétaire, aux explosions fatales les conciliabules de soldats!.....

Et à tout cela, pour origine, les erreurs forcées, les fautes inévitables d'hommes à idées saines, à intentions sages, mais placés dans une situation fausse, dans une situation à la fois éminente et faible, représentée par celle d'une haute pyramide, à base étroite, reposant elle-même sur un sol sans fermeté. Il lui faut des étais, des pièces de rapport; et toutes celles que l'on trouve à sa portée sont faibles, fragiles, hors d'état de se prêter à la moindre cohérence, de soutenir le plus léger effort!

C'est ainsi que l'autorité supérieure, toujours harcelée par les ambitions rivales, toujours considérée par l'opinion publique comme vacillante et précaire, ne peut jamais, ni se faire craindre, ni se faire honorer.

Et, disons-le avec assurance : Dans nos mœurs actuelles, qui ne comportent plus de fédérations politiques, quel que soit le ministère que l'on superpose au sable mouvant d'une chambre élective, on arrivera, en très-peu de temps, à la même anxiété, au même désordre!

Instabilité du pivot organique! plaie dévorante! Elle est, pour le corps social, ce que la fièvre ataxique est pour le corps humain; elle l'agite, l'affaiblit, le tue; et elle a les mêmes causes : l'impropriété du régime.

CHAPITRE IX.

Conclusion.

Pour le corps social comme pour le corps humain, le meilleur régime, le meilleur gouvernement, est celui qui, à chaque période de son existence, est le plus conforme aux besoins de son âge, de son tempérament, de sa situation; en sorte que la perfection à cet égard, comme à l'égard de toute chose susceptible de changement, de progrès, ne peut être que conditionnelle et relative, jamais absolue.

Mais à chaque période caractérisée, il est

utile, nécessaire même d'établir cette perfection relative, si l'on veut obtenir le bien-être, éviter la souffrance, goûter la vie avec douceur et sérénité.

Lorsque le corps social est définitivement entré dans l'âge mûr, les hommes qui le composent éprouvent un besoin prononcé, celui de la liberté de leur intelligence; besoin qui implique celui d'exprimer librement tout ce que leur intelligence découvre ou aperçoit.

Ainsi, en France, où, par l'exercice, d'abord timide, ensuite hardi et soutenu, de la faculté d'examen, l'intelligence humaine est devenue libre de toute idée imposée; en France, désormais, la faculté d'écrire et de parler doit jouir d'une liberté entière, sauf les atteintes à l'honneur et aux droits civils des individus. A cet égard, la presse et la parole sont justiciables des lois répressives, de même que le feu, dont le libre et utile usage appartient à tout le monde, ne peut être employé sans crime à incendier les habitations.

Dans la liberté entière d'écrire, de parler,

de juger avec blâme ou éloge tous les actes portant sur des choses d'intérêt général, consiste, pour les peuples en âge mûr, l'exercice de la véritable souveraineté politique, de la souveraineté de l'opinion. Par cette liberté complète de toutes les opinions particulières, par leur collision réciproque et leur discussion sans entraves, se forme, au sujet de toutes les questions sociales, une opinion *majeure*, donnant seule au gouvernement qui la réalise le droit de se dire gouvernement légitime, gouvernement de la *majorité*.

Mais comme, sur une question quelconque d'intérêt social, l'opinion majeure ne saurait jamais être une opinion unanime, comme la faculté de discerner de quel côté se trouve en réalité l'opinion majeure demande souvent de la sagacité, toujours de l'attention et de l'impartialité, un corps *régulateur*, un corps de juges impartiaux des mouvements de l'opinion, est une institution nécessaire. Et pour que, aux yeux du peuple, ces juges des mouvements de l'opinion aient une disposition, sinon certaine, au moins très-vraisemblable à l'impartialité, il faut que toutes les conditions patentes de leur existence sociale donnent au peuple le droit de présumer cette vraisemblance.

La première de ces conditions, est une position faite, et non à chercher ou à faire, par conséquent une fortune suffisante pour assurer l'indépendance.

La seconde est le titre de père de famille ; car, une famille seule lie tous les sentiments de l'homme à la paix soutenue et à la prospérité de sa patrie.

Il faut enfin que, parvenus à l'âge où la force du corps se combine avec le calme des idées, parvenus à l'âge mûr, les juges des mouvements de l'opinion aient exercé, pendant leur jeunesse, des fonctions utiles ; que cet exercice les ait honorés aux yeux de leurs concitoyens ; que le jugement de leurs concitoyens soit rendu authentique par le nombre des voix qui le ratifient hautement, publiquement, et avec une liberté entière.

Un corps ainsi composé, sera légitimement régulateur de tous les intérêts civils et politiques ; et, inamovible dans ses fonctions, il imprimera à leur emploi sa propre maturité, sa propre gravité.

C'est surtout de la législation que ce corps honorable sera le dispensateur titulaire. Dans les sociétés humaines, il est nécessaire que la législation soit en action permanente, parce que la vie sociale est toujours en modification ou en développement.

Toute loi sociale, corollaire immédiat de la loi unique, de la loi de balancement universel, n'a jamais pour but que de régler la mesure d'expansion qu'il convient de laisser à chaque citoyen, et la mesure de répression qui, au nom de la société, doit lui être imposée. Le point précis de ce balancement est toujours vague, difficile à saisir; peut-être même, dans tous les cas qui peuvent se présenter, est-il impossible de le fixer avec une parfaite exactitude, parce que, sur chaque question particulière, les données et circonstances varient sans cesse. C'est ce qui partagera toujours une assemblée législative, même la plus calme, la plus expérimentée, en deux parties, l'une, formée des hommes qui, par caractère ou opinion, sont portés à favoriser l'expansion individuelle plus que la répression sociale; l'autre, formée des hommes en disposition opposée; en sorte que, à tout âge des sociétés, une assemblée législative est, comme le peuple entier, un corps double, dont les deux parties sont en balancement continu. Seulement, ce qui distingue l'âge mûr des âges antérieurs, c'est que la séparation des sentiments et des opinions y est devenue purement individuelle; et, à ce titre, sans démarcations précises, par conséquent indéfiniment susceptible de transmutations réciproques; tandis que, pendant les âges antérieurs, la séparation était tranchée, fixait chacune des deux parties dans son enceinte fédérative, systématique, donnait à chacune un caractère essentiellement distinct, profondément opiniâtre.

De là il résulte que, chez les peuples en âge mûr, le balancement social, pour n'être pas lui-même tributaire d'une mobilité toujours prête à tomber dans le désordre, a besoin d'être maintenu par un pivot plus ferme que pendant les âges antérieurs. L'homme qui occupe ce point unique étant celui sur lequel s'appuient les deux bras du levier général, doit avoir les moyens de résister aux ébran- lements qu'il pourrait en recevoir, de les pré- venir même; car, à chacun de ces ébranle- lements, tout l'état serait compromis.

Voilà ce qui, chez les peuples en âge mûr, assigne à la royauté des prérogatives spéciales et d'une grande étendue, telles que la rédac- tion initiale des lois réclamées par l'opinion nationale, et la direction exclusive de leur exécution, prérogatives d'ailleurs que celles du corps régulateur, soutenues à leur tour par la liberté de la presse, peuvent retenir dans leurs limites, de manière à en rendre l'abus difficile.

Difficile, mais non impossible. C'est l'in- convénient de tout ce dont l'usage nous est avantageux. Nous nous plaisons à user des ali- ments qui nous sont salutaires; c'est parce qu'ils nous sont salutaires qu'ils nous plai- sent, et c'est parce qu'ils nous plaisent que nous nous sentons plus d'une fois excités à en porter l'usage jusqu'à l'abus. Faut-il pour cela les écarter de notre régime, et les rem-

placer par des aliments insalubres dont l'a-
bus soit si loin de nous tenter, que, par
instinct, nous éviterions d'en faire le moindre usage ?

Tous les peuples de l'Europe, guidés par
l'instinct de conservation, et s'approchant
tous plus ou moins de l'âge mûr, s'apprêtent
à écarter de leur régime social les formes au-
trefois salutaires, aujourd'hui insalubres,
d'une distribution par classes démarquées,
représentées, et à se constituer sous les formes, désormais salutaires, de la monarchie
consultative, telles que je viens de les indiquer. C'est le peuple français qui, le premier,
les organisera dans son sein, parce que, le premier, il sera parvenu à l'homogénéité politique; ce qui le mettra en droit de réclamer
la liberté entière de son intelligence, ce qui
forcera même en sa faveur l'institution de
cette liberté, en même temps que, par la
mobilité de ses mœurs, il forcera lui-même
le lien social à augmenter d'unité et de puissance.

Le peuple anglais viendra ensuite. En Angleterre, la division de la masse en deux fédérations politiques, celle des wighs et celle des tories, subsiste encore, mais travaille manifestement à s'effacer. Le tribun O'Connell l'annonce avec franchise ; c'est pour cela, dit-il, que radical en toute conscience, il embrasse et soutient le parti de transition, le parti de la réforme. Au terme de la transition, au terme de l'âge de jeunesse, se trouvera, comme aujourd'hui en France, l'opportunité pressante du gouvernement que nous venons de décrire, du gouvernement convenable à l'âge mûr.

Après la France et l'Angleterre, il est vraisemblable que ce seront l'Espagne et le Portugal qui appelleront cette forme stable et paisible de gouvernement. Là, les anciennes démarcations politiques ne sont plus que nominales ; par le fait, elles tombent en désuétude, et la liberté de l'intelligence y a été très-avancée par l'abus que le clergé a fait de ses richesses et de sa puissance.

Quant aux monarchies du nord de l'Europe, quelque temps encore elles resteront

féodales par l'effet de la gravité de mœurs,
de la permanence d'idées, que le climat
donne à leurs habtants. De cette permanence,
de cette gravité, résultent, pour ces peuples,
la privation de vives et brillantes jouissances.
Par compensation, leur jeunesse sociale sera
plus longue ; leur âge mûr n'arrivera que
plus lentement. Mais enfin il arrivera ; et,
alors, il faudra bien que ces peuples adoptent
le seul régime qui soit en harmonie avec les
deux caractères essentiels de cet âge : la liberté
de l'intelligence et l'homogénéité politique.

CHAPITRE X.

Image.

JE termine par une frappante analogie ; et
nous ne saurions trop le reconnaître : l'analogie claire, simple, soutenue, lien graduel
de tous les êtres, est, dans le labyrinthe de
la nature, le fil d'Ariadne qui conduit à la
vérité.

Dans la constitution de l'homme, modèle parfait d'organisation vitale (mais seulement lorsqu'il est arrivé à l'âge mûr, car alors seulement tous les organes sont achevés et en balancement réciproque), dans la constitution de l'homme, le sang est partout. Travaillant sans cesse à s'étendre, il pénètre dans toutes les parties, que sans cesse il échauffe et nourrit. C'est le liquide général, le liquide *populaire*.

Mais le sang ne règle et ne dirige aucun genre de mouvements ; il ne gouverne pas, il est gouverné. La fonction de gouverner est réservée à un fluide plus délicat, au fluide *régulateur*, au fluide nerveux, qui émane du sang par élaboration progressive, élaboration qui s'achève dans le sein du cerveau.

Cet organe éminent, le cerveau, chef du pouvoir régulateur, siége des idées, indicateur, sur les réclamations de l'instinct, des meilleures lois vitales, est placé, comme le pilote sur un vaisseau, comme le roi dans une monarchie, au sommet de l'axe organique ; de là il balance les uns par les autres tous les mouvements de l'économie ; il en maintient l'équilibre.

Répétons-le : voilà le modèle ; voilà, en politique, le type fondamental ; car toute société humaine n'est qu'un système d'humanité collective dont la constitution doit être analogue à celle de l'humanité individuelle. Si elle en diffère essentiellement, elle manque d'harmonie, par conséquent d'ordre, de force, de stabilité, de vraie liberté.

NOTE

DES OUVRAGES DE M. AZAÏS.

———

(On les trouve dans le vestibule de la salle
de ses Conférences, et chez le libraire Des-
forges, rue du Pont-de-Lodi, n° 8.

QUESTION POLITIQUE DE PREMIÈRE IMPORTANCE : Bro-
chure in-8°. Prix : 1 fr.

PHYSIOLOGIE DU BIEN ET DU MAL, DE LA VIE ET DE LA
MORT, DU PRÉSENT, DU PASSÉ, DE L'AVENIR. 1 vol.
in-8°. Prix : 3 fr. 50 c.

IDÉE PRÉCISE DE LA VÉRITÉ PREMIÈRE ET DE SES CON-
SÉQUENCES GÉNÉRALES. 1 vol. in-8o. Prix : 5 fr.

DE LA VRAIE MÉDECINE ET DE LA VRAIE MORALE. Bro-
chure in-8°. Prix : 1 fr.

SYSTÈME UNIVERSEL, partie physique. 1 vol. in-8°.
Prix : 6 fr.

DES COMPENSATIONS DANS LES DESTINÉES HUMAINES.
3 vol. in-8°. Prix : 10 fr.

LE NOUVEL AMI DES ENFANTS, par M. et Mme Azaïs.
12 vol. in-18, avec gravures et musique. 15 fr.

LES DEUX FRÈRES DE LAIT OU L'ÉDUCATION MUTUELLE.
1 vol. in-12, avec gravures. Prix : 2 fr.

JUGEMENT IMPARTIAL SUR NAPOLÉON (publié en 1816).
1 vol. in-8o. Prix : 5 fr.

INSPIRATIONS RELIGIEUSES (ouvrage écrit en 1795),
1 vol. in-18. Prix : 2 fr.

BIBLIOTHEQUE ROYALE

www.ingramcontent.com/pod-product-compliance
Lightning Source LLC
Chambersburg PA
CBHW061249050726
47594CB00004B/1430